PLANETA AN

EL PANDA

VALERIE BODDEN

CREATIVE EDUCATION • CREATIVE PAPERBACKS

T0018901

Publicado por Creative Education
y Creative Paperbacks
P.O. Box 227, Mankato, Minnesota 56002
Creative Education y Creative Paperbacks son
marcas editoriales de The Creative Company
www.thecreativecompany.us

Diseño de The Design Lab
Producción de Angela Korte & Colin O'Dea
Dirección de arte de Rita Marshall
Impreso en los Estados Unidos de América
Traducción de TRAVOD, www.travod.com

Fotografías de 123rf (Alexander Muntean),
Dreamstime (Ron Sumners), Getty Images (Michael
Leidel/EyeEm, powerofforever/E+), iStockphoto
(GlobalP, PhotoTalk, ViktorCap), Minden Pictures
(Ingo Arndt, Suzi Eszterhas), National Geographic
Creative (GERRY ELLIS/MINDEN PICTURES,
KATHERINE FENG/MINDEN PICTURES), Shutterstock
(Hung Chung Chih, Juhku), SuperStock (Minden
Pictures)

Copyright © 2021 Creative Education,
Creative Paperbacks
Todos los derechos internacionales reservados en
todos los países. Prohibida la reproducción total
o parcial de este libro por cualquier método sin el
permiso por escrito de la editorial.

Información del Catálogo de publicaciones de la
Biblioteca del Congreso is available under PCN
2020907028.
ISBN 978-1-64026-471-7 (library binding)
ISBN 978-1-68277-009-2 (pbk)

Tabla de contenido

Hoy en día, quedan solamente alrededor de 1,800 osos panda que viven en la naturaleza.

LOS pandas pertenecen a la familia de los osos. Como todos los osos, los pandas son **mamíferos**. Los pandas se encuentran en el centro de China. Viven en lo alto de montañas boscosas.

mamíferos animales que tienen pelo o pelaje y alimentan a sus bebés con leche

Los pandas juguetones ruedan cuesta abajo por las colinas. Sus garras afiladas y sus fuertes patas delanteras les sirven para trepar árboles. En las patas delanteras tienen un hueso largo que parece un pulgar. Este hueso permite que los pandas puedan recoger cosas.

Los pandas jóvenes trepan a los árboles para tomar siestas, buscar comida, y escapar del peligro.

Los pandas miden alrededor de cinco pies (1.5 m) de largo. La mayoría de los pandas salvajes pesan menos de 250 libras (113 kg). Los cuerpos redondeados de los pandas están cubiertos por un grueso pelaje blanco y negro. Este pelaje los mantiene calientes en las montañas frías y cubiertas de neblina.

En general, las hembras son más pequeñas que los machos.

Los pandas viven en bosques de bambú. El bambú es un tipo de hierba que parece un árbol. Tiene un tallo grueso, ramas, y hojas. El panda se alimenta principalmente de esta planta.

Hay personas que están talando los bosques que son el hábitat de los pandas para hacer zonas de cultivo.

Un panda puede comer más de 30 libras (13.6 kg) de bambú por día. Las garras y los dientes son útiles para comer esas plantas tan duras. Los pandas suelen sentarse para comer. Toman largas siestas entre las comidas. De vez en cuando, los pandas comen otras plantas o animales pequeños.

Los pandas pasan de 12 a 14 horas del día comiendo.

Los pandas jóvenes son más activos y juguetones que los adultos.

Una mamá panda da a luz en una **guarida**. El **cachorro** recién nacido es pequeño y no tiene pelo. ¡Pesa menos que un pomo de pasta dental! Cuando el cachorro tiene entre cuatro y cinco meses, sale de la guarida. Para cuando cumpla dos años, ya habrá dejado a su madre. Los pandas jóvenes deben cuidarse de los perros salvajes, llamados doles.

cachorro cría de panda

guarida un área pequeña y cómoda que está oculta

Los pandas adultos viven solos. Viven en una zona llamada rango de hogar. Los pandas marcan los bordes de estas zonas con su olor. De esa manera, evitan cruzarse. En estado salvaje, los pandas pueden vivir hasta 20 años.

Los asustadizos pandas prefieren mantenerse alejados de las personas y otros animales.

En general, los pandas son silenciosos, pero pueden gruñir, resoplar, y balar. Los cachorros chillan cuando tienen hambre. Los adultos ladran para asustar a sus enemigos o para advertir que hay peligro.

Los pandas utilizan al menos 12 sonidos diferentes para comunicarse.

Los centros de investigación y las áreas protegidas sirven para mantener a los pandas a salvo.

Pocas personas consiguen observar a los pandas en la naturaleza. Pero algunas personas los estudian en **centros de investigación** en China. Además, los pandas viven en zoológicos en todo el mundo. ¡Puede ser divertido observar a estos osos peludos de color blanco y negro mientras juegan!

centros de investigación lugares donde las personas estudian algo para aprender más sobre eso

Un cuento sobre osos panda

Una historia que se cuenta en China dice que los pandas solían ser completamente blancos. Un día, una niña pequeña salvó a un cachorro de panda de un leopardo. La niña murió cuando el leopardo la atacó. Los pandas se pusieron tristes. Golpearon el suelo con sus patas mientras lloraban. Se secaron los ojos con sus patas embarradas y luego se abrazaron. El barro que tenían en las patas les dejaron marcas negras. Desde entonces, los pandas tienen pelaje blanco y negro.

Índice